INTRODUCING MACHIAVELLI: A GRAPHIC GUIDE by PATRICK CURRY,
ILLUSTRATIONS BY OSCAR ZARATE
Text and illustrations copyright ©2013 Icon Books Ltd
This edition arranged with ICON BOOKS LTD and The Marsh Agency Ltd
through BIG APPLE AGENCY, INC., LABUAN, MALAYSIA
Simplified Chinese edition copyright:
2024 SDX JOINT PUBLISHING CO., LTD
All rights reserved

图画通识丛书
A Graphic Guide

马基雅维利

Introducing Machiavelli

[英]帕特里克·库里(Patrick Curry)/文
[英]奥斯卡·萨拉特(Oscar Zarate)/图
聂沁丹/译

Simplified Chinese Copyright © 2024 by SDX Joint Publishing Company.
All Rights Reserved.
本作品简体中文版权由生活·读书·新知三联书店所有。
未经许可，不得翻印。

图书在版编目（CIP）数据

马基雅维利 /（英）帕特里克·库里文；（英）奥斯卡·萨拉特图；聂沁丹译. -- 北京：生活·读书·新知三联书店, 2024. 10. -- （图画通识丛书）. -- ISBN 978-7-108-07893-3
Ⅰ. K835.467=331
中国国家版本馆 CIP 数据核字第 20249VK682 号

责任编辑	周玖龄
装帧设计	张 红　康 健
责任校对	陈 格
责任印制	李思佳
出版发行	生活·讀書·新知 三联书店
	（北京市东城区美术馆东街 22 号 100010）
网　　址	www.sdxjpc.com
图　　字	01-2022-0650
经　　销	新华书店
印　　刷	北京隆昌伟业印刷有限公司
版　　次	2024 年 10 月北京第 1 版
	2024 年 10 月北京第 1 次印刷
开　　本	787 毫米 × 1092 毫米　1/32　印张 5.75
字　　数	50 千字　图 170 幅
印　　数	0,001 – 4,000 册
定　　价	39.00 元

（印装查询：01064002715；邮购查询：01084010542）

目 录

001 "老尼克"
004 文艺复兴时期的佛罗伦萨
012 什么是人文主义?
014 公民共和主义:好公民
015 马基雅维利的诞生
016 分裂的意大利
017 民族国家和神圣罗马帝国
018 格尔夫派与吉伯林派
020 共和国自由之梦
022 美第奇家族掌权
024 重生的共和国
025 萨沃纳罗拉
026 虚荣之火
029 马基雅维利去工作
030 外交官在行动
032 博尔贾家族有何来头?
033 切萨雷·博尔贾的天才

034 达·芬奇与马基雅维利
036 命运的转变
038 国民军秘书
040 美第奇归来
042 马基雅维利的坠落
044 马基雅维利在圣安德烈亚
046 《君主论》
057 命运的反复无常
060 战争的风云变幻
067 狮子和狐狸
068 异教才能与基督教美德
072 微妙的权力平衡
078 复兴运动的先知
080 依然无业
081 一部马基雅维利式的喜剧
084 共和主义的朋友们:奥蒂·奥里切拉里花园

- 085 公民的自由国度
- 086 《论李维》……
- 087 ……为自由辩护
- 088 共和主义的自由理想
- 091 恺撒的案例
- 093 拿未来做交易
- 094 公民义务
- 095 自有王法
- 096 现代分离主义精英
- 098 权力制衡
- 102 宗教的地位
- 104 出世超凡的基督教
- 106 为帝国主义辩护
- 107 移民
- 110 任用的希望
- 112 《战争的技艺》
- 114 平衡术
- 115 幸与不幸
- 122 马基雅维利思想的实践应用
- 123 狐狸之道
- 124 铁娘子
- 128 马基雅维利的教训
- 130 马基雅维利与公民共和主义现代政治理论的奠基
- 132 马基雅维利式的美国
- 134 社会契约
- 136 启蒙运动后的历史主义
- 138 后现代的马基雅维利
- 139 公民美德对阵公民社会
- 142 自由市场
- 143 共和主义者对自由市场的批评
- 144 苏东公民社会
- 145 "没有社会这种东西"
- 146 自由民主的起源
- 148 现代自由民主
- 149 "公民美德"何去何从？
- 150 左派和右派的共和主义？
- 151 右翼马基雅维利主义者
- 152 左翼马基雅维利主义者
- 154 葛兰西对马克思主义的反思
- 157 后现代的葛兰西："人民即君主"

158 社群主义

163 积极自由与消极自由

164 共和主义在今天

168 马基雅维利在今天

172 延伸阅读

174 索引

"老尼克"

四百多年来，尼科洛·马基雅维利（Niccolò Machiavelli）一直被视为政治上的虚伪、不道德（immorality）和残忍的代名词。在 16 世纪，他的名字常被简称为"老尼克"，一个称呼撒旦的流行绰号。耶稣会士（新教徒指控他们为马基雅维利主义者）称他为"恶魔的犯罪同伙"。"凶残的马基雅维利"成为伊丽莎白时期的戏剧——包括莎士比亚戏剧——最常提及的人物。

正如麦考利勋爵在 1827 年写的，"我们不确定文学史上还有哪个名字能如此普遍地令人厌恶……"。

20世纪的哲学家伯特兰·罗素（Bertrand Russell）这样描述马基雅维利最著名的著作**《君主论》**(*The Prince*)：

贝尼托·墨索里尼（Benito Mussolini）——罗素可能想到的人物之一——曾恰如其分地称赞它。关于新君主应该是什么样的人，前者有很坚定的看法，还为《君主论》新版本写了篇序言。

亨利·基辛格（Henry Kissinger）多年来一直是美国政坛总统宝座背后的实权人物。1972年，一位采访者暗示他是马基雅维利主义者。这无疑解释了他当时的反应："不，根本就不是！"难道他没有在某种程度上受到马基雅维利思想的影响吗？

麦克·泰森

但关于马基雅维利的负面评论一直持续到今日。《卫报》说:"《君主论》是政治权术的终极手册。"最新版的《钱伯斯英语词典》将"马基雅维利式的"(Machiavellian)当作一个形容词,意思是"政治上诡计多端且不择手段,不惜代价地谋求权力或利益;非道德的(amoral)和机会主义的"。

所以马基雅维利是一个什么样的人?是邪恶的天才还是杰出的政治理论家?他对我们今天又有什么启示呢?要回答这些问题,你必须了解他是谁,他就他的时代及其问题写下了什么。

文艺复兴时期的佛罗伦萨

15世纪是佛罗伦萨的黄金时代。佛罗伦萨之富有成了传奇。它的货币——弗罗林,在各地都备受尊重。商人的业务范围也很广泛,首先是羊毛业,其次是丝绸业与东方贸易。美第奇家族是最富有、最成功的家族之一。他们最初来自穆杰罗山谷,以商业银行家的身份积累了大量财富,并成为罗马教廷的银行家。很快,他们的野心扩展到了政治、教皇皇位本身以及他们家乡城市的统治上。但美第奇家族也以慷慨资助艺术和人文学科而著称。他们并非小气的专制君主。

一枚弗罗林金币

锡耶纳 →

罗马 →

佛罗伦萨的象征物

阿尔诺河

这种商业、文化和开明专制的结合，使文艺复兴时期的佛罗伦萨堪比古典时期的雅典，成为欧洲文化与文明的又一个转折点。

在那个充满几乎前所未有的创造力和乐观主义的时代，多亏了像美第奇这样富有的商人家族的赞助，佛罗伦萨成了西方艺术与科学的第一中心。1420年前后，菲利波·布鲁内莱斯基（Filippo Brunelleschi）设计了位于乔托塔附近的圣母百花大教堂的巨型穹顶，并与吉贝尔蒂（Ghiberti）一道监督建造施工。它完工于1436年，尽管天窗在布鲁内莱斯基去世后才完成。他还和阿尔伯蒂（Alberti）一道发明了线性透视法。

多纳泰罗

解剖学上的发现及其与艺术创造力的结合，使多纳泰罗（Donatello）的雕塑和皮耶罗·德拉·弗朗切斯卡（Piero della Francesca）的绘画独树一帜。波提切利（Botticelli）的**《维纳斯的诞生》**和**《春》**精妙地表现了人们对古典异教题材的新兴趣。

布鲁内莱斯基

乔托

列奥纳多·达·芬奇（Leonardo da Vinci）是佛罗伦萨人，或许他的生活和工作最充分地展现了佛罗伦萨人的求知欲、人道的怀疑精神以及敏感性。他在佛罗伦萨与西方雕塑和绘画巨匠米开朗基罗（Michelangelo）密切来往，并逐渐熟练掌握人体造型技艺。

而且，令人难以置信的是，比他们年纪还小的拉斐尔（Raphael）——来自乌尔比诺，但在佛罗伦萨画画——拜访了他们并观摩了两位大师正在创作的作品。

拉斐尔

米开朗基罗

与此同时，人们对于已知物理世界边界的看法受到了挑战。1492年，克里斯托弗·哥伦布（Christopher Columbus）开启了他第一次历史性的航行。不久之后，一名佛罗伦萨人，亚美利哥·韦斯普奇（Amerigo Vespucci），紧随其后，他以他的名字命名了美洲。

在哲学方面,科西莫·德·美第奇(Cosimo de'Medici)委托马尔西利奥·费奇诺(Marsilio Ficino)将赫尔墨斯·特里斯墨吉斯忒斯(Hermes Trismegistus)的神秘学著作和柏拉图的对话录翻译成拉丁文。费奇诺用他的译作颠覆了古老的亚里士多德–基督教综合体。伟大的洛伦佐(Lorenzo the Magnificent)继续提供这种支持,他资助了柏拉图学园的建立、费奇诺自己的著作,以及皮科·德拉·米兰多拉(Pico della Mirandola)短暂而非凡的事业——马基雅维利将其描述为"近乎神的人"。皮科对人的尊严的思考融合了基督教神学、柏拉图哲学及赫尔墨斯秘术,为文艺复兴时期的人文主义定下了基调。

什么是人文主义?

这个词来自拉丁语的 *humanitas*,来自 *homo*,即人。人文主义作为一场运动,可以说始于 14 世纪的诗人彼特拉克(Petrarch)。他是一名佛罗伦萨流亡者的儿子。人文主义者的偶像是古典时期罗马共和国的诗人、学者和演说家:西塞罗、贺拉斯和维吉尔。文艺复兴时期的人文主义并不反基督教:它认为在古典异教哲学(尤其是柏拉图、普罗提诺及其追随者的哲学)与基督教精神背后都存在着一种普遍和谐。

然而，位于人文主义世界中心的不是上帝，而是人（在某些版本中是神圣的人性）；不是来世，而是今生；不是不可言说的个人灵魂，而是公共和社会生活。人们还有信仰，但主要信奉这样的观念：人只要有智慧、有技能并努力付出，就可以改变世界——"virtù vince fortuna"（能力战胜命运）。

公民共和主义：好公民

人文主义与古典（即异教的）和公民（即社会的、政治的）**共和主义**（republicanism）密切相关。

人们将好人与公民等同起来，结果是他的善并非完全是个人的事，他的善至关重要地取决于他人的善。

人们试图将古典美德——通常指正义、节制、智慧和勇敢——融入后来的基督教美德：谦卑和公义。尽管如此，这一立场包含着对奥古斯丁或中世纪基督教思想——它强调原罪、上帝全能以及个人救赎——的强烈排斥。

马基雅维利的诞生

1469年5月3日,尼科洛·马基雅维利出生在佛罗伦萨一个古老的中等富裕的家庭。他是父亲贝尔纳多(Bernardo)的第三个儿子。其父贝尔纳多是一位受过教育的人文主义者,从事法律工作。

马基雅维利接受了他那个时代最好的人文主义教育,甚至还在佛罗伦萨大学听过课。人文主义教育延续了在中世纪制度化了的体系,它由七艺组成:**"三科"**(逻辑、修辞和语法)和**"四学"**(算术、几何、天文和音乐)。不过,古典拉丁文学以及关于古代历史、哲学和修辞学的研究受到特别关注。

人文主义不仅仅是一场思想运动。受过教育的人文主义者在佛罗伦萨政府中担任了许多重要职务。

分裂的意大利

佛罗伦萨是意大利内陆上统治着周边地区的几个城邦之一。这些城邦包括米兰、威尼斯、佛罗伦萨、教皇国罗马城、热那亚、锡耶纳和那不勒斯。从15世纪早期开始,佛罗伦萨就统治着除了卢卡和锡耶纳以外的托斯卡纳的大部分地区。比萨是佛罗伦萨唯一的出海口,具有特殊的战略意义。比萨是佛罗伦萨人和试图独立的比萨人持续争夺的对象。

乐观主义就是商业和文化——这就是好消息。现在来听听坏消息!

文艺复兴时期的意大利尽管在文化和艺术上取得了巨大成就,但却即将进入一个充满剧烈的政治混乱及动荡的时代。正是这一现实左右着马基雅维利的生活和工作。

民族国家和神圣罗马帝国

与此同时,在邻近的法国和西班牙,"现代"民族国家的发展壮大也对分裂的意大利逐渐构成了威胁。另一个主要参与者是神圣罗马帝国,它占据了我们目前所知的德国和奥地利的大部分地区。它始于公元 800 年查理曼(Charlemagne)被教皇利奥三世(Pope Leo III)加冕成为西罗马皇帝之时,一直存续到 1806 年拿破仑将最后一片帝国领土征服。

格尔夫派与吉伯林派

佛罗伦萨有着一段漫长而混乱的政治历史。在整个12世纪,它卷入了教皇一方的格尔夫派(Guelfs,包括佛罗伦萨)和神圣罗马帝国一方的吉伯林派(Ghibellines,包括锡耶纳、卢卡和比萨)之间的战争。13世纪末,佛罗伦萨的格尔夫派自身也分裂为两派:白党(反对教皇)和黑党(支持教皇)。马基雅维利在他的**《佛罗伦萨史》**(1525)中对这种自相残杀的派系分裂做出了评论。

> 除非反对派的力量十分强大,否则即使是胜利的一方也不能总是保持团结。但是,当被打败的一派被摧毁时,胜利方就会分裂,因为掌权的一派不再感到任何会对它产生约束的恐惧,也没有任何内在的法则来制约它。

格尔夫派的白党和黑党之间爆发了一场内战。白党败北。1302年，许多人发现自己被流放，家园和财产被毁，如果在佛罗伦萨管辖范围内被捕，还会面临死亡的威胁。其中包括意大利最伟大的诗人但丁·阿利吉耶里（Dante Alighieri），他再也没有回过佛罗伦萨。但丁在他的**《神曲》**中贴切地描述了被流放的痛苦：

"你将感到别人家的面包味道多么咸，走上、走下别人家的楼梯，路有多么艰难。[……]所以你自己独自成为一派对你来说将是光荣的。"*

——《天国篇》第十七章58-69

* 译文引自但丁著，田德望译，《神曲·天国篇》，人民文学出版社，2001年，第126页。（全书注释均为译者注）

他预言我将被逐出佛罗伦萨？

共和国自由之梦

格尔夫派和吉伯林派之间的斗争在佛罗伦萨及其周边地区持续了整个 14 世纪。此外还有其他危机。例如 1342 年,暴虐的"雅典公爵"瓦尔特·德·布里耶纳(Walter de Brienne)夺取政权,但又在次年的民众起义后被驱逐下台。

可怜的佛罗伦萨人,他们既不能保持自由,又无法忍受奴役。

佛罗伦萨中世纪晚期政府的结构很复杂,由一个约有一千人的大议会和其他较小的议会组成,其中最有权力的是执政团(Signory)。这些议会的成员都由纳税公民、行会成员和普通民众选举产生。首席大臣由正义旗手(Gonfalonier of Justice)〔如此命名是因为他身扛"舞旗"(Gonfalone),即城市的公道〕担任。

> "……许多地区常常由治到乱,又重新由乱到治……因为英勇生和平,和平生安逸,安逸生混乱,混乱生灾难,灾难生秩序,秩序生英勇,从中又产生荣耀和好运。"*
>
> 摘自《佛罗伦萨史》
>
> ---
>
> * 此译文在王永忠译文基础上有所修改。原译文见马基雅维利著,王永忠译,《佛罗伦萨史》,吉林出版集团有限责任公司,2013年,第204页。

美第奇家族掌权

美第奇家族于 1434 年上台,这是佛罗伦萨最有权势的家族之间斗争的结果。慢慢地,他们开始侵蚀这个松散的民主制度。科西莫·德·美第奇预先选定执政团候选人;1458 年后,用特殊的个人议会取代了旧的议会。1480 年,洛伦佐设计了一个 70 人的新的议会,这些人是从旧政权中挑选出来的,其权力每五年延长一次;反过来又选出为数更少的大臣为君主治理国家谏言,因此执政团的重要性再次下降。

凯瑟琳·德·美第奇(Catherine de'Medici,1519—1589)是洛伦佐的女儿——马基雅维利的《**君主论**》就是写给洛伦佐的。她是法兰西的摄政王和实际统治者,长达 20 多年。她是一个冷酷无情的马基雅维利式的阴谋家,对 1572 年臭名昭著的圣巴托洛缪大屠杀事件负有责任。

吉罗拉莫·德拉·罗比亚为凯瑟琳·德·美第奇之墓建造的雕塑

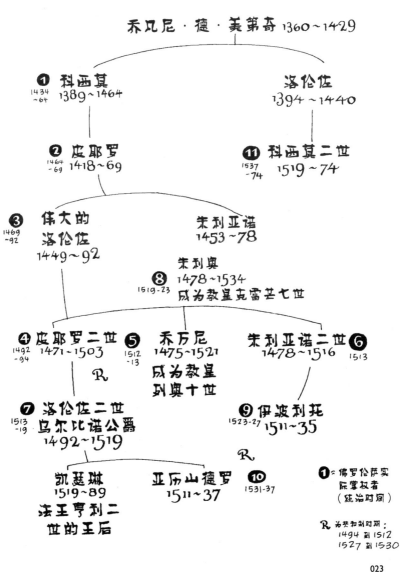

重生的共和国

伟大的洛伦佐·德·美第奇在马基雅维利出生的那一年掌权。他为佛罗伦萨带来了未来多年中最后一个相对稳定和繁荣的时期。

> 我在1492年的死亡很快就会导致……一个新的共和国的诞生！

为了宣示对那不勒斯王位的拥有,法国国王查理八世(Charles VIII)派军进入意大利。洛伦佐的继任者皮耶罗二世不明智地站在那不勒斯一边反对法国国王。法国人于1494年入侵佛罗伦萨。皮耶罗屈辱地被愤怒的市民赶走了。他们立即建立了一个共和国,并恢复了从前的千人大议会。

萨沃纳罗拉

该共和国从 1494 年存续到 1512 年。在头四年里，它的实际统治者是狂热的多米尼加传教士吉罗拉莫·萨沃纳罗拉（Girolamo Savonarola，1452—1498），他并没有正式的政治职务。因为他名声很大，萨沃纳罗拉于 1490 年被洛伦佐邀请到佛罗伦萨。他是一个极富魅力的传教士，对社会上和教会中的世俗腐败进行抨击。

萨沃纳罗拉成功地利用了该城日益被剥夺权利的民众的不满情绪以及他们对未来的恐惧。

虚荣之火

萨沃纳罗拉的目标是将宗教复兴主义、我们现在称之为原教旨主义的东西——攻击人文主义的商业和文化——与旨在实现上帝的世间计划的严酷的神权共和主义结合起来。他是如此受欢迎，以至于在他的敦促下1497年的狂欢节以"虚荣之火"为高潮：一个由"尘世的"依恋——书籍、绘画、珠宝——堆成的巨大篝火。他对精英的影响也是巨大的：波提切利烧毁了他画的西蒙内塔的裸体写生。

人们开始厌倦萨沃纳罗拉的严酷统治，不断下滑的经济引起了人们的反思。他的改革热情使他成为教皇的敌人，教皇最终将他逐出教会，并设令禁止他在整个佛罗伦萨城参加圣事。萨沃纳罗拉的政治盟友觉察到风向已变，便逐渐抛弃了他，而后1498年教皇对他提出了异端指控。萨沃纳罗拉就在他那"虚荣之火"所在的广场上，在篝火中结束了自己的生命。

手无寸铁的先知总是要遭殃的。

任何人都不应在城市中发动革命，以为日后可以随意终止它或如愿管制住它。

此时,马基雅维利29岁,是一个雄心勃勃且聪明伶俐的年轻人。

"中等个子,身材苗条,眼睛炯炯有神,头发乌黑,脑袋偏小,鼻梁微斜,嘴巴紧闭;他身上的一切都给人以敏锐的观察者和思考者的印象……他很难完全甩掉那总是挂在嘴角且在眼神中闪烁着的嘲讽的神情……"

马基雅维利去工作

1498年6月,马基雅维利的机会来了。可能是通过他父亲当时任职于政府的有影响力的人文主义者朋友的帮助,他被大议会推选到一个重要的公务职位上,即第二秘书厅秘书长。

一个月后,他被任命为"战争十人委员会"(Ten of War)的秘书。该委员会负责佛罗伦萨的外交政策和军事事务。

马基雅维利的工作涉及在复杂而棘手的谈判中承担实际责任,谈判的进程很可能会对佛罗伦萨产生实质性的影响:用我们的话说,是大臣也是公仆。马基雅维利对此非常认真,工作努力,兢兢业业。

外交官在行动

1500年,佛罗伦萨发动了一场旨在收复比萨的战役。此前,比萨利用法国入侵造成的混乱局面宣布独立。

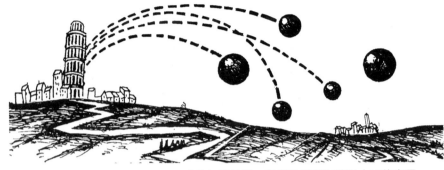

但这支主要由雇佣兵组成的部队惨败。马基雅维利在路易十二的宫里待了6个月,试图说服法国人帮助收复比萨。爱国心切的马基雅维利震惊地发现,法国人对佛罗伦萨充满轻蔑和嘲笑。

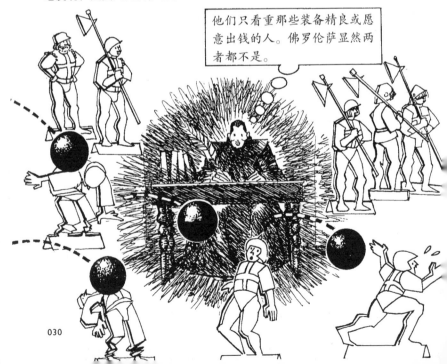

他们只看重那些装备精良或愿意出钱的人。佛罗伦萨显然两者都不是。

第二年，马基雅维利抽出时间与玛丽埃塔·科尔西尼（Marietta Corsini）结了婚。他们似乎曾经有过亲密的感情关系，后来又有了六个孩子。但是他没在家待多久。

教皇亚历山大六世封他的儿子切萨雷·博尔贾（Cesare Borgia），即瓦伦蒂诺公爵，为罗马涅公爵。博尔贾发动了一场闪电军事行动来开拓自己的领地。这恰好发生在佛罗伦萨领地的边界，政府对此非常担心。在1502年10月，他们派马基雅维利去与公爵谈判约。

博尔贾家族有何来头?

切萨雷·博尔贾(1476—1507)和卢克雷齐娅·博尔贾(Lucrezia Borgia,1480—1519)都是罗德里戈·博尔贾(Rodrigo Borgia,1431—1503)的私生子,后者于1492年成为教皇亚历山大六世。

卢克雷齐娅和她哥哥一样,因参与了她那个时代的强权政治和阴谋而臭名昭著。

> 我从最近突然守寡的生活毫无阻碍地走向了一段带有野心的婚姻。

切萨雷的父亲在他17岁时任命他为红衣主教,但很快就解除了他的职务。

> 我儿子似乎不适合修道生活。

在父亲的帮助下,切萨雷当上了罗马涅教皇军的统帅。

切萨雷·博尔贾的天才

马基雅维利对切萨雷·博尔贾印象深刻,他警告十人委员会说就在这里"出现了一股意大利的新势力"。切萨雷的办事效率和冷酷无情典型地表现在他处理中尉雷米罗·德·奥尔科(Rimirro de Orco)的方式上。奥尔科无端无由的暴行正在危及他在罗马涅的统治。这个暴徒后被谋杀,尸体扔在了主公共广场。

此后不久,切萨雷便得知有人要在塞尼加利亚刺杀他。

他去到那里,请谋反的人吃饭,并趁他们吃饭的时候杀了他们。

马基雅维利在他的信中用惊叹乃至钦佩的语气描述了这一切。

达·芬奇与马基雅维利

1502年,马基雅维利的外交使团到达的同时,切萨雷雇用达·芬奇作为他的首席军事建筑师和工程师。这两个人都在1502年的诸场胜仗中陪同着切萨雷,都在切萨雷屠杀谋反者的时候身在塞尼加利亚。

文艺复兴时期的求知精神和客观探索精神,让这两个人——残酷权力之徒马基雅维利与爱好和平的素食者达·芬奇——走到了一起。马基雅维利探究的对象是人;达·芬奇探究的对象是自然。他们相处得很好,成了好朋友。

后来,我利用我的影响力,为达·芬奇在佛罗伦萨争取到一个委托项目——一幅描绘安吉亚里之战的壁画——在旧宫大议会厅的一面墙上作画。

命运的转变

但在 1502 年,公爵的命运发生了彻底的转变,他所有的成就都付诸东流。这是因为,公爵的父亲亚历山大六世在 8 月去世了,一个月后他那短命的继任者庇护三世(Pius III)也去世了。马基雅维利立即被派往罗马,去报告下一届教皇选举的情况。赢得选举的是尤利乌斯二世(Julius II),切萨雷·博尔贾支持他。作为回报,尤利乌斯二世答应任命切萨雷为教皇军队的统帅。

通常情况下，马基雅维利不但不会谴责其不守道义，反而会称赞其明智。

与此同时，公爵病倒了；没有了教皇的支持，他的帝国开始分崩离析。到了11月，马基雅维利就可以向"十人委员会"保证，他们不必再担心他了。

国民军秘书

1502 年,皮耶罗·索德里尼(Piero Soderini),一位受人尊敬的人文主义者兼马基雅维利的朋友,当选为终身正义旗手。起初他非常能干,将内部各派团结起来,并最终收复了于 1494 年失陷的比萨。

马基雅维利的计策被采纳。1507 年,一个新委员会即"国民军九人指挥委员会"(Nine of Militia)成立了,由马基雅维利担任秘书。1509 年,比萨被收复。

与此同时，马基雅维利被派往教皇尤利乌斯二世的宫廷执行新任务。教皇尤利乌斯二世是米开朗基罗的大赞助人，他委托米开朗基罗为西斯廷教堂作画。

米开朗基罗，看看那些墙——做点什么，好吗？

尤利乌斯很有活力。他收复了前任教皇在佩鲁贾和博洛尼亚的保护地。我怕他对佛罗伦萨怀有野心……

马基雅维利还参观了神圣罗马帝国皇帝马克西米利安（Maximilian）的宫廷，马克西米利安给他留下了软弱无能的印象。

美第奇归来

面对瞬息万变的形势,索德里尼过于坚持他一贯的亲法、反战的政策。1511年,教皇尤利乌斯与西班牙国王费尔南多(Ferdinand)结盟对抗法国。次年夏天,西班牙军队发起进攻并将法国军队击退到米兰之外。

索德里尼和佛罗伦萨的领导人没能看清形势。

佛罗伦萨被包围了,其规模小且缺乏经验的国民军根本无法对抗强悍的西班牙步兵。1512年9月,该城投降,索德里尼出逃。

这个年轻的共和国解体了。1513 年,在朱利亚诺二世的带领下,西班牙人重新建立美第奇王朝。美第奇家族一直执政至 1737 年。共和主义者的自由之梦彻底破灭了。

马基雅维利的坠落

1512年11月,打击降临。马基雅维利被秘书团免去职务。三个月后,即1513年2月,他被诬告参与阴谋活动。马基雅维利被逮捕并监禁了22天,由于逼供,他受了六次吊坠刑(strappado)的折磨。吊坠刑是一种将受害者的手臂反绑起来,然后突然释放的施刑方式。遭受这种刑罚极其痛苦,通常会导致肩膀骨折。

他于3月获释。尤利乌斯二世去世了,他的继任者红衣主教乔万尼·德·美第奇成为利奥十世。美第奇家族的非凡成就由此得以延续。佛罗伦萨成为教皇的保护国,同时宣布全面大赦。

在遭受冲击和失业后，马基雅维利退居到他圣安德烈亚的小庄园，位于佛罗伦萨以南 7 英里。

马基雅维利在圣安德烈亚

对于马基雅维利来说,这些日子是艰难的。他已经习惯了城里的生活,处于能够操纵令他着迷的政治权力的位置。在 1513 年 12 月 10 日写给他罗马的朋友弗朗切斯科·韦托里(Francesco Vettori)的信中,马基雅维利描述了他全新的生活方式。

我在监督农场劳动中度日……在户外读诗("不是但丁就是彼特拉克")……和村民们闲聊。

和家人吃完晚饭后,我去当地的旅馆与工人们聊天、玩游戏。

然而,当天色渐暗时……

我回到我的屋子，走进我的书房；在门口脱下白天的衣服，上面沾满了泥土和灰尘，换上高贵的宫廷服饰，换上得体的衣服，进入古人的古老宫廷。在那里，我受到亲切的接待，享用着那只属于我、我为之而生的食物。在那里，我不太胆怯，而敢于与他们交谈并询问他们行为的缘由。他们礼貌地回答了我。在四个小时的时间里，我并不感到疲倦，我忘记了所有的烦恼，我不惧怕贫穷，死亡也不使我惊惶；我把自己完全交给他们。

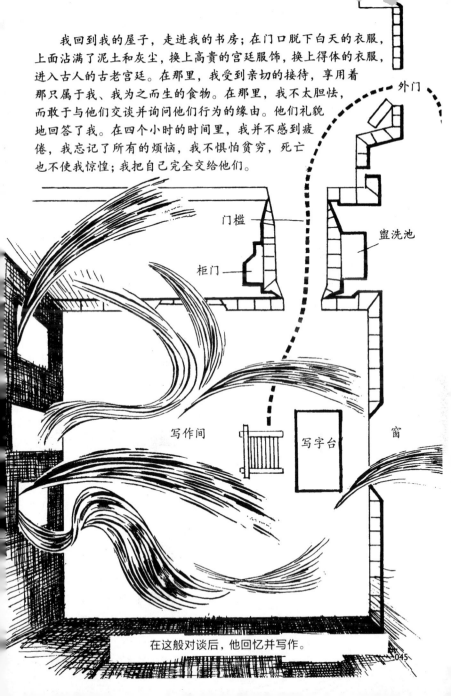

在这般对谈后，他回忆并写作。

《君主论》

因此，他在 12 月给韦托里的信中写道："我写了一本小书，**《论君主国》**。"这本"小书"后来以**《君主论》**之名而闻名于世，尽管在他死后才得以出版。

马基雅维利痛恨自己被迫退出政治舞台。他希望——鉴于他的共和主义背景，或许是天真的希望——他的小册子会给他带来好处，并使他重新得到美第奇家族的任用。

就其总体形式而言，**《君主论》**属于君主忠告书，一种文艺复兴时期典型的书类。马基雅维利的写作很大程度上遵循古典和公民人文主义传统。但在某些方面——那些令他的同时代人震惊的方面——他果断地与该传统决裂。

马基雅维利称颂古代的领袖楷模，如摩西、居鲁士（波斯帝国的建立者）、忒修斯（传说中的雅典国王）和罗慕路斯（神话传说中罗马城的建立者），以及为亚历山大大帝铺平道路而更具历史意义的马其顿的菲利普。

新的领地给统治者带来了特殊的难题。无论君主的军队多么强大,他也需要民众的好感,否则当他身处逆境时将无人相助。

就维护稳定所需的先见之明而言，罗马共和国的领导人提供了一个很好的例子。因为当问题变得人人可见的时候才去解决它，通常为时已晚，所以他们从不允许问题扩大发酵。

在他的同时代人中，马基雅维利特别指出切萨雷·博尔贾值得特别关注。他称赞公爵行动迅速、果断，必要时还冷酷无情，称赞他挑拨法国、意大利城邦和罗马教廷相互对抗，称赞他镇压谋反，为未来打下坚实的基础。

重要的是要注意到，我之所以推崇强权或博尔贾的权术，目的并不在其本身。在我看来，权力的唯一目的在于建立并维护一个能够保护其公民的自由与安全的强大国家。

同样，他也不是为了暴力本身而准许暴力。

没错。杀害同胞、出卖朋友、背信弃义、违背宗教都不能称作英勇。用这些方式虽然能赢得君权，但不能赢得荣耀。

相反，马基雅维利区分了有目的的残忍和无心的、不分青红皂白的或恒久的残忍。同样，在接手一个腐败的国家并使其恢复秩序的过程中所涉及的任何暴力活动都必须一次到位，不能长期持续。

命运的反复无常

"**命运**"*（fortune）是马基雅维利著作中最重要的概念之一，这个词包含着一系列观念：一种不为人所控制的干预我们生活的力量、运气（无论好坏）以及仅仅是未被预见的环境变化。他承认命运的力量非常强大；这一点在他那时候的意大利的动荡局势中尤为明显——那个时代充满席卷一切又不可预见的变化。

无论如何，作为一名人文主义者，我认为我们确实拥有一些发挥能动性、施展自由意志的空间。

*或译为"机运"。

我认为这或许是真的：我们所做的事情有一半是由命运决定的，而大约还有一半由我们自己掌控。

当河水沿着正常河道平静地流淌时,就该采取预防措施、修堤筑坝了。这样,当洪水来临时,它就不会那么凶猛;相反,如果不加抵抗,它将横扫一切。

一些例子表明,有些领导者以同样的方式行事,一个成功而另一个却失败。在政策制定时,顺应时势者昌,违逆时势者亡。

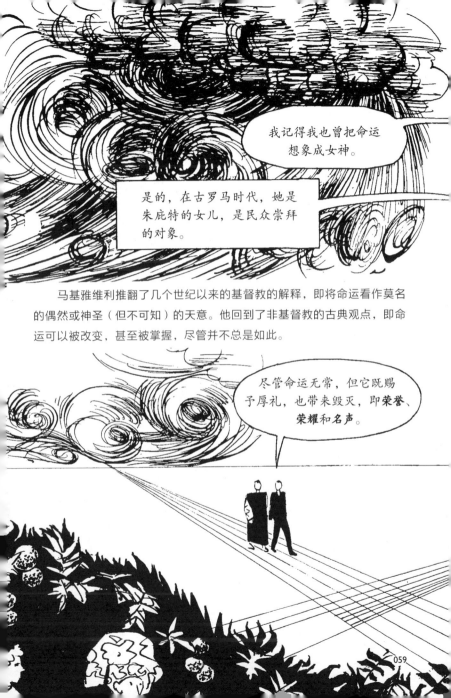

我记得我也曾把命运想象成女神。

是的,在古罗马时代,她是朱庇特的女儿,是民众崇拜的对象。

马基雅维利推翻了几个世纪以来的基督教的解释,即将命运看作莫名的偶然或神圣(但不可知)的天意。他回到了非基督教的古典观点,即命运可以被改变,甚至被掌握,尽管并不总是如此。

尽管命运无常,但它既赐予厚礼,也带来毁灭,即**荣誉**、**荣耀**和**名声**。

战争的风云变幻

马基雅维利在《君主论》中用了很长的篇幅来讨论军事组织。理由（以其典型的权威且自信的口吻说道）是"任何国家，无论是新生的、古老的还是复合的，其主要基础都在于良好的法律和良好的武装；因为没有良好的武装就不可能有良好的法律，而在有良好武装的地方，自然会有良好的法律，所以我不讨论法律，我将关注集中在武装上"。

当时在意大利依靠雇佣兵的做法很普遍，马基雅维利严厉抨击了这种做法。

马基雅维利有时为了强调观点而夸大其词，因而他说君主必须优先关心甚至只关心……

马基雅维利为他的务实作风和薄情寡义辩解道,他感兴趣的是事物本来的样子,而不是人们不切实际地想象或希望的那样。

> 许多作家都曾对理想国家的样子进行畅想,但理想与现实之间的鸿沟如此之大,以至于为了应做的事而忽视已做的事,这简直是自取灭亡。

> 事实是,在这么多品行不端的人中,一个人若想在各方面都行事正直高尚,他必然会遭受挫折。

的确如此，君主会发现，一些所谓的美德会毁了他并使其失去国家，而一些明摆着的恶行则会带来安定和繁荣。

马基雅维利问道：对一个统治者来说，让人畏惧好还是受人爱戴好？

理想情况下，统治者希望自己既受人爱戴又让人畏惧。

答案是，统治者希望两者兼有；但因为同时做到很难，所以让人畏惧要远比受人爱戴好。

其理由透露出他对人性的悲观看法：人是"忘恩负义的、善变的说谎者和欺骗者，懦弱又贪婪；当你善待他们，他们就是你的人……但当你处在危险中，他们就会反过来对付你"。因此，相较于伤害那些单纯受人爱戴的人，他们更担心伤害那些他们惧怕的人。他们预料后者必定会迅速地惩罚他们。

马基雅维利笔下的君主是一个改革者，古老习俗不能为他提供足以抵御不可掌控的命运的支持和保护。因此，他必须行动迅速；用一种可靠的方式来赢得人们的爱戴花费的时间太长。

尽管如此，马基雅维利还是对恐惧和憎恨做了明确的区分。一个君主确实应该为人所惧怕，但尽量不要为人所憎恨；那是非常危险的、应当避免。

狮子和狐狸

马基雅维利说,有两种战斗方式:通过法律,这是人类的方式;通过武力,这是野兽的方式。

那些被马基雅维利奉为模范的野兽,为人文主义者所不齿而拒斥:狐狸,因其狡猾和诡计多端;还有狮子,因其蛮暴的力量。

异教才能与基督教美德

马基雅维利的总体建议是要大胆而不要怯懦。用一句格言来说就是"天佑勇者"。

作为女人,她更倾心于年轻男子,因为他们不那么拘谨而且更热烈,还因为他们会更大胆地对她发号施令。

这种能力——人们称之为活力、骁勇、无畏、骄傲、勇气、力量——就是马基雅维利所说的"**virtù**"(源自拉丁语 virtus,本身又来源于 vir,意思是男人)。换句话说,virtù 描述了男人的理想品质,包括一定程度的冷酷无情。

这个词并不用来描述通常意义上的"好"人或"道德高尚的"人。

在他看来，不仅个人，国家也可以拥有才能。有才能并不保证一定会成功，但没有才能则一定会失败，因为那样的话，没有别的选择，只能任由命运摆布。"因此，只有那些以你自己的**才能**为前提基础的抵御方式才稳妥、可靠和持久。"

在这一点上，马基雅维利粉碎了西塞罗所论述的古典信仰。

马基雅维利的才能观念是其在命运的变幻无常中取得成功的关键。然而,他重新定义了才能,囊括了愿意做坏事,在情势需要时运用武力(狮子)或狡诈(狐狸),以及伪善的技艺——知道如何自始至终显得有道德。

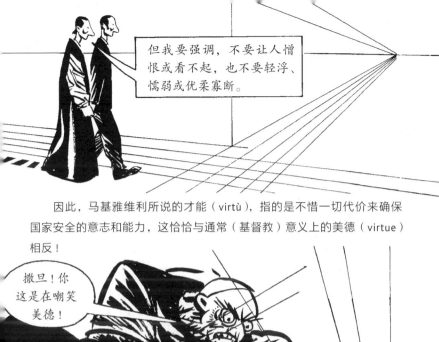

因此，马基雅维利所说的才能（virtù），指的是不惜一切代价来确保国家安全的意志和能力，这恰恰与通常（基督教）意义上的美德（virtue）相反！

微妙的权力平衡

若一国秩序井然、武装精良，就足以击退外来侵略。但是，要想摆脱内部阴谋与颠覆的危险，君主必须让他的贵族尊敬他，让人民满意他。

君主们必须努力防止仇恨蔓延为普遍情绪。例如，他们应当尽力维持最具权势阶层（如贵族和军人）的忠诚。

西班牙国王阿拉贡的费尔南多（Ferdinand of Aragon）是马基雅维利眼中的模范新君之一。

除此以外，无论选择哪种行动都有风险，因此审慎并不是回避危险——这是不可能的——而是对具体的威胁做出正确的评估，进而两害相权取其轻。

马基雅维利还对君主们提出了其他建议：谨慎选择人臣，回避那些忠在成就自己而非成就君主的人，以及阿谀奉承者。无论如何要听取意见，但是一旦政策确定了，就要坚决果断地付诸行动。否则，领导者就会被那怀有自身企图的人的阿谀奉承和自相矛盾的意见所误导，不断地改变主意和方向。结果，他什么都做不好，并且失去了所有人的尊重。

就其基本假设和价值观而言，马基雅维利毫无疑问是个人文主义者和共和主义者；但就其对权力运作的实际情况之关切以及其论断所具有的坦率、无情和（从基督教的角度看）非道德（amoral）的性质而言，他也打破了这一传统。

事实上，更准确地说〔正如以赛亚·伯林（Isaiah Berlin）所指出的〕，这部作品之所以震撼人心，不是因为它无关道德或违背道德，而是因为它基于一种完全不同的、与之对立的道德观，即古典异教道德，它关注的是世界而不是灵魂，关注的是今世而非来世。

我并不是说基督教所关切的事不重要，也不是说它对善恶的理解是错的。

我只不过坚持认为，一个人不可能既是一个成功的公民又是一个好的基督徒。因为要成为前者，你就不得不做一些在后者看来应受谴责的事情。

这是一个两难困境，很多人想无视它，但依旧困于其中。

马基雅维利以"奉劝将意大利从蛮族手中解放出来"来为《君主论》收尾。他哀叹着祖国的境况——

> 没有领导,没有法律,被蹂躏,被玷污,被分裂,被侵占……

他说,一位新君崛起的时机已经成熟,这位新君将祛除使这般屈辱成为可能的羸弱与分裂。他引用了罗马历史学家李维的话:"对于必须战争的人们,战争是正义的;当除了拿起武器以外就毫无希望的时候,武器是神圣的。"*

* 译文引自马基雅维利著,潘汉典译,《君主论》,商务印书馆,1985年,第122页。

马基雅维利向洛伦佐·德·美第奇发出了这样一番慷慨激昂的呼吁,敦促他组建一支公民军(不同于通常的雇佣军),他们将会是忠诚而坚定的战士,为了伟大事业而战。

全意大利都将团结在这样一位救世主周围。

复兴运动的先知

冷峻的分析者马基雅维利将自己塑造成一个浪漫的民族主义者、一位复兴运动先知的形象。"**复兴运动**"（Risorgimento）字面上指的是 19 世纪意大利的"复兴"。复兴运动最终为国家带来了独立和统一。

350 年后，共和主义爱国者朱塞佩·马志尼（Giuseppe Mazzini，1805—1872）和朱塞佩·加里波第（Giuseppe Garibaldi，1807—1882）实现了我的梦想。

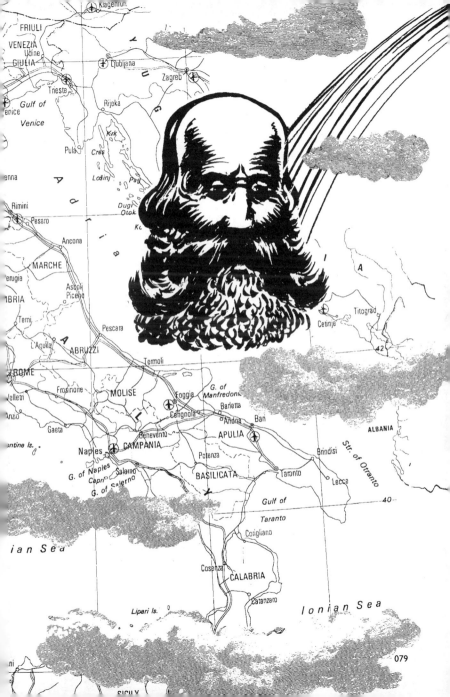

依然无业

1514年的某个时候，马基雅维利意识到，**《君主论》**作为他之于政府的潜在价值的展示——更不用说作为民族解放的革命号召——被置若罔闻。痛苦失望的他最终不再寄希望于复职，并越来越多地投入写作。

一部马基雅维利式的喜剧

1518 年,马基雅维利写了一部诙谐的黑色喜剧**《曼陀罗》**(La Mandragola)。在接下来的几年里,这部剧在罗马和佛罗伦萨成功上演。

卡利马科是一个英俊的年轻人,他从巴黎回到佛罗伦萨,想要亲眼看看备受赞誉的美人,卢克雷齐娅。她是年迈的律师尼西亚·卡尔福奇的年轻妻子。卡利马科渴望占有卢克雷齐娅,而她有多淑良,尼西亚就有多愚蠢。

卡利马科将潜入尼西亚家的计划告诉了他的仆人西罗。

他们结婚六年了,现在想要孩子。这是我的机会!

我不知道那对你有什么帮助。

利古里奥，一个经常在尼西亚家蹭饭吃的食客，主动提出帮助卡利马科。

易受骗的尼西亚落入了圈套。卡利马科的药方是曼陀罗草根药水。

卡利马科建议他们绑架一个健康的年轻人，把他放在卢克雷齐娅的床上过夜。尼西亚勉强同意了；但麻烦的是还要让卢克雷齐娅同意。利古里奥向卢克雷齐娅的忏悔神父、腐败的修道士蒂莫泰奥，以及她淫荡的母亲索斯特拉塔寻求帮助。卢克雷齐娅起初拒绝了这个主意。

让我用这种骇人听闻的方式害死一个人？我决不干！况且，和一个不是我丈夫的男人躺在一起难道不是一种罪过吗？

啊，但关键在于意图。违背丈夫的意愿行事才是真正的罪过。

计划成功了。卡利马科与卢克雷齐娅共度良宵，并向她告白他对她的爱永远不变。卢克雷齐娅提议继续保持这种关系。一切以皆大欢喜告终，包括戴了绿帽子的尼西亚，他从这整个骗局中获得了一个孩子。

共和主义的朋友们：奥蒂·奥里切拉里花园

大约在 1514 年，马基雅维利开始参加一群失势的共和主义者的文学和政治讨论。他们在佛罗伦萨城外的奥蒂·奥里切拉里（Orti Oricellari）花园会面，这是他们其中一名成员的花园。

公民的自由国度

一个行事果决而无情的人，最适合去建立或重建一个国家。

但是一个共和国由许多统治者组成，这是维持和维护它的最好的形式。

奥蒂·奥里切拉里花园中的这些讨论促使马基雅维利用五年时间写了一本新书，**《论蒂托·李维的罗马史前十卷》**（*The Discourses on the First Decade of Titus Livius*），该书以李维（公元前 59—公元 17 年）所写的罗马史书的前十卷为基础。

《论李维》……

《论李维》是马基雅维利篇幅最长,可能也是最具原创性的政治著作。它对于正确理解马基雅维利至关重要,因为它阐明了两个基本观点。

……为自由辩护

虽然君主立宪制可能是能令各方满意的一时的妥协办法,但共和制才是维护公民自由和安全的最佳保证。相比之下,无论是由一人统治还是被外国势力奴役,暴政都会导致国家虚弱、贫穷和衰落。

经验表明,城邦只有在自由的状态下,其领土才会扩增。

以自治形式存在的自由是最终目的,任何有助于实现这种自由的行为都可以被"宽恕"。请注意,马基雅维利的自由观并不是关于个人政治"权利"的现代自由观。

共和主义的自由理想

关于这一点，在马基雅维利看来，人类历史上最好的例子是罗马共和国。他的目标和希望因此是从历史中汲取"实践经验"，以期在今天恢复罗马共和国先前的成功和荣耀。说白了，《**君主论**》向领导者提供如何确保国家安全的建议，《**论李维**》则向公民提供如何实现国家自由的建议。

我将我的这本书献给这个花园里的朋友们。没有他们的鼓励和帮助，这本书永远不会问世。

正如在**《君主论》**中所述，马基雅维利认为，要实现伟大成就，既要有好运也要有**才能**。但在这里，后者不仅适用于统治者一人，也适用于整个公民群体。

恺撒的案例

这就解释了为什么马基雅维利从不放过任何机会批评尤利乌斯·恺撒（Julius Caesar），一位用罗马帝国取代罗马共和国的独裁者——尽管他的领导能力毋庸置疑。马基雅维利也从不放过任何机会为刺杀他的布鲁图斯（Brutus）和卡西乌斯（Cassius）开脱。因为"当这完全是一个国家安全问题时……就不应考虑正义或不正义，仁慈或残忍，可歌或可耻"。

抛开一切顾虑，人必须竭尽全力去执行任何能够拯救她生命、维护她自由的计划。

注意，马基雅维利并没有说结果赋予手段合法性，无论是在道德还是别的意义上；只有当结果好的时候，结果才为手段"开脱罪责"。

除了懒惰和颓废，共和主义**才能**面临的主要危险是，有权势的个人或小派系不惜牺牲公共利益来推行自己的议程。这种腐败于自由而言是毁灭性的，这是马基雅维利以及像他一样的共和主义者的最大的担忧。这种强调集体主义的论调——"人民比君王更谨慎、更稳定、更具有判断力"——与**《君主论》**背道而驰。

拿未来做交易

马基雅维利关于个人或派系追求私利所隐含的危险的警告,在今天更加掷地有声。举一个 1995 年的例子,尼克·李森(Nick Leeson)的惊天诈骗案。他是一个流氓交易员,负责新加坡巴林银行(Barings Bank)小型期货业务。他在东京股市的"合约"交易中输掉了 6 亿多欧元,并摧毁了拥有 232 年历史的伦敦商业银行巴林银行。这样一个代价高昂的例子让我们得以一睹国际银行业和高端金融业的内幕。

我们发现了什么?不仅有贪婪和管理不善,还有不顾公民责任秘密背负的不可控的风险。

自利行为总是试图将自身伪装成技术层面的合理活动。事实上,它是不合理的,主要因为它不受任何伦理规则的约束。

公民义务

为了防止这种私利动机，马基雅维利支持立"善法"，包括必要时采取最严厉的惩罚，迫使公民宁愿选择公利也不选择私利。在这种情况下，法律不是为了保护个人权利，而是为了保证公民义务，惩罚私人谋权夺利。除了这条大棒，还应该有根胡萝卜，即从事公共服务的回报应当始终比私人服务的高。

马基雅维利坚信，当一些人的声誉不是通过公共事业而是"通过私人途径获得时，他们非常危险且极其有害"。

自有王法

出于此因,虽然贵族的军事实力和战斗精神很可贵,但马基雅维利仍对贵族极不信任,因为他们倚仗自己拥有土地和臣民而凌驾于法律之上。他还认为,最有可能滋生腐败的源头之一是富人能够以赞助、裙带关系和恩惠的方式购买影响力。其结果是把人从公民变成党徒,他们看重的不是公共权威和公共利益,而是极少数人的权威和利益。

于是,由于党徒的存在,城邦中产生了派系,而派系将使城邦走向毁灭。

现代分离主义精英

美国历史学家克里斯托弗·拉什（Christopher Lasch）的著作《精英的反叛》（*The Revolt of the Elites*，1995）突出了一种极端而新型的反公民"合作伙伴关系"（anti-civic "partnership"），与马基雅维利思想一致。拉什说，直到最近，西方民族国家的经济和文化精英们才愿意承担公民责任。后现代资本主义以专业精英为特征，他们将自己与公民和国家事务完全分离开来。正如拉什所言，"新精英的命运所依赖的市场与那些跨国运作的企业紧密相连……相较于本国尚未接入全球通信网络的广大民众，他们与布鲁塞尔或香港的新精英有更多的共同点"。

这个特权阶层(在美国,收入排前 20% 的人)已经使自己独立于岌岌可危的工业城市和一般的公共服务。

权力制衡

因此,马基雅维利就建立"完美共和国"提出的关键建议之一——借鉴了罗马共和国的机构组织——是建立一种混合宪政体制。在这种政体中,无论是富有的贵族还是数量更多的平民都不能完全占据主导地位。相反,双方都将"监视对方",进而彼此优势互补,并且(最重要的是)防止派系利益取得胜利。

> 我的权力制衡观念预示了美国宪法。

这种安排意味着要容忍一定程度的紧张、混乱和表面上的不团结——在马基雅维利之前及其所属的时代，这些都是其他共和人文主义者憎恶的东西。

甚至马基雅维利的朋友，外交官弗朗切斯科·圭恰迪尼（Francesco Guicciardini，1483—1540）也写道：

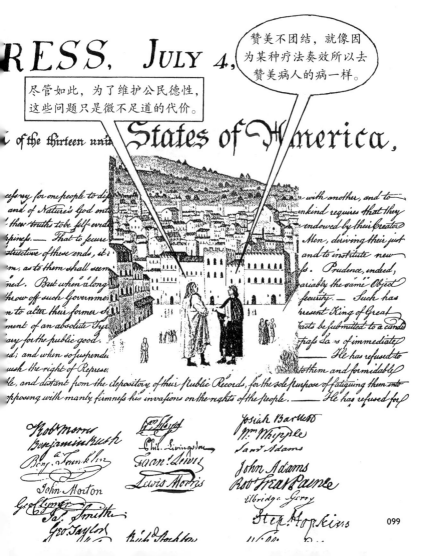

赞美不团结，就像因为某种疗法奏效所以去赞美病人的病一样。

尽管如此，为了维护公民德性，这些问题只是微不足道的代价。

马基雅维利所主张的共和主义并不是现代意义上的民主。他并没有特别关心如何将公民的选举权扩大到当时的少数人（或许占 5%）之外。但他确实信奉平等，即让"平民"或普通公民积极参与理想国家的政治生活。

他们之所以珍视自由，仅仅是为了能安稳地生活。因此，对于那些渴望摆脱统治的有钱有势的少数人，他们起着制约其野心的重要作用。

他们的暴行针对的是那些损害了公共利益的人，而君主的暴行则仅仅是为了维护他们自己的利益。

宗教的地位

不言而喻,让这座城市伟大的不是个人灵魂的状况,而是集体政治的状况。

那么,宗教的价值何在?

在于鼓舞人心,使人向善,使恶人蒙羞。

宗教是打击腐败、保护公民精神的另一资源——既通过畏惧也通过崇敬。马基雅维利,如其一贯风格,讨论了如何像罗马人那样利用宗教崇拜及其制度来达到这一目的。

试比较一下古罗马人的"公民崇拜"(civic cults)与基督教及其给意大利带来的灾难性后果——羸弱、分裂与外来蛮族的胜利!

重要的不是宗教的"真理"或其他方面,而是宗教的实际作用。当然,这种讲求实效的做法激怒了信徒。

出世超凡的基督教

更具体地说,基督教使人们远离尘世,而对诸异教神的崇拜恰恰鼓励了**才能**:力量、阳刚气概、技能、武功等。它还提供了起誓对象,使人们不敢违背誓言;还有预测性占卜——如果占卜结果吉祥,军队就会充满必胜的信心。

相比之下,马基雅维利并不认为基督教是错误的或不真实的。正如以赛亚·伯林所说:"人必须做出选择……他可以选择去拯救自己的灵魂,也可以选择去建立、守护或服务于一个伟大而光荣的国家;但并非总能两者兼得。"

马基雅维利也并不一定对宗教持怀疑态度。只是在他的"宗教"——古典异教信仰——中,伦理和神圣事物都与人性的社会和政治维度密不可分;因此,它们与一神论的超越性形成了鲜明的对比。

当然,令许多人震惊的是,马基雅维利竟然在基督教道德被认为已经胜利的一千多年后,提出了异教理想。他几乎当基督教道德从未存在过,或无甚特别——除了其在人类历史上造成的负面影响。

为帝国主义辩护

马基雅维利还认为,对外争夺霸权有助于维护国内自由,因为"除非你准备好进攻他人,否则你很容易遭人攻击"。

移民

有趣的是,马基雅维利建议通过方便外国人获取公民身份——移民——来增加和更新人口。

相反,向外国国民寻求军事援助是走向奴役的绝佳前奏!

在这里,马基雅维利再次强调公民军的重要性,并且就如何以最明智的方式进行战争发表了许多看法。他从战术的秘密要点,包括步兵、骑兵和炮兵的相对优点,谈到最通用、最实用的建议,例如:让你的战争"时间短而规模大"。但基本教训是,在维护自由时,卑顺和宽恕通常是负担不起的奢侈品:"除非你运用强权,否则你永远不能指望自己安全。"

然而，马基雅维利对长期成功的可能性深表怀疑。人们甚至厌倦了稳定和成功，渴望新鲜感。他们酷爱腐败，近乎一种天性；当腐败显露出来时，它早已在违抗既定的法律和措施中生根壮大。因此，要恢复**才能**，就要采取非常措施，虽然这些措施很少有人能够付诸实践。

问题是，大多数人喜欢走中间路线，这非常有害；因为他们不知道如何做一个彻底的好人或彻底的坏人。

也就是说，他们最终既没能拯救自己的灵魂，也没能在此时此地为人类的荣耀增添光彩。他说，更好的做法是"要么做一个伟大的坏人，要么做一个完美的好人"。

在这种情绪中，在罗马共和国与他自己的意大利公国愚蠢的统治者和人民的鲜明对比中，马基雅维利近乎绝望地结束了《论李维》。这表明他对于恢复公民的荣耀（他这本书的重点）是否可能存在深刻的矛盾心态。

尽管如此，马基雅维利尖锐地为自己辩解道："一个好人有责任向他人指出何为善举——即便你因时势艰难或命运不济而无法亲自做到。这样，在众多有能力的人中或许会有一个更得上天眷顾的人能够实现这些善举。"

任用的希望

1519年,就在马基雅维利完成**《论李维》**之际,洛伦佐·德·美第奇去世。不久之后,他的叔叔朱利奥当上红衣主教,并很快成为教皇克雷芒七世(Clement VII)。

马基雅维利持续写作。接下来的一年,他开始着手写一本题为《战争的技艺》(The Art of War)的著作。这件事在 3 月被打断了,因为他终于通过斯特罗齐的影响力被引荐给美第奇家族。1520 年 11 月,马基雅维利受朱利奥·德·美第奇的正式委托,撰写佛罗伦萨的历史。

《战争的技艺》

《战争的技艺》出版于1521年，献给斯特罗齐。它实际上是马基雅维利生前唯一出版的著作。在书中，马基雅维利重申了许多我们已经探讨过的主题。那些首先效忠于军队而不是他们国家的职业军人，对于该国其他所有人都是种威胁，因为他们只效忠于他们自己，而他们的技艺恰恰是暴力和破坏。

他们缺乏成为真正优秀的战士所需的那种承诺——拯救他们的家园和家人，结束战争并返回家园。

因此,战争只应由武装的公民团体实施,由公众任命的领导人领导,在公共权力和指挥的约束下进行。

相反,战争教给人们勇气、纪律和行动等武德,而这些德行无论如何都是他们成为优秀公民所需要的。在这里,马基雅维利的明智建议再次展望了一种受宪法控制、不带军国主义野心的武装部队模式,这为大多数西方民主国家的稳定做出了贡献。

平衡术

在 1522 年，一桩共和主义者暗杀美第奇红衣主教的阴谋被发现了。**奥蒂·奥里切拉里花园**圈子四分五裂，其中几名成员被流放，一人被处决。这次事件暴露了（并非最后一次）马基雅维利在他内心深处的共和主义信仰与维护同美第奇家族关系的需要之间所进行的微妙而危险的平衡，后者是他获得任用的唯一希望。

《佛罗伦萨史》（*The History of Florence*）于 1525 年完成，马基雅维利前往罗马将该书呈献给克雷芒七世。

幸与不幸

与此同时,幸运再度降临这片土地。在马基雅维利访问罗马时,法国的弗朗索瓦一世(François I)被西班牙的查理五世(Charles V)领导的帝国军击败并被赶出了意大利。次年,1526 年,弗朗索瓦与教皇克雷芒组建了神圣联盟。

1527年5月,为了应对来自法国的新挑战,查理五世将他的部队——由西班牙军队与意大利和德国的雇佣军混合组成——派遣回意大利。

克雷芒七世被迫出逃。没有了他的支持,佛罗伦萨的美第奇政权也随之崩溃。

然而，造化总是弄人，新一代的共和主义者没有选择马基雅维利，因为在他们看来他与美第奇家族关系过于密切，已经被污染了。

可能这最后一击损害了马基雅维利的健康。1527年6月21日,在经历了一场短暂的疾病后,他就去世了。关于他临终前向神父忏悔的谣言迅速传播开去,但这一说法没有证据,似乎是天主教会散播的虚假信息。第二天,他被安葬在圣十字教堂,在他心爱的佛罗伦萨的中心。

这场标记了马基雅维利人生的非同寻常的骚乱随后立即持续发酵。

1531年，即马基雅维利死后的第四年，《论李维》出版；次年，《君主论》和《佛罗伦萨史》出版。整整二十年后，出现了第一本天主教会禁书目录。

但就在第二年，便出现了这些书的拉丁文版本，出版于新教的领地——瑞士的巴塞尔。

《论李维》的第一个英译本直到 1636 年才出现，《君主论》的第一个英译本四年后才出现。但这些都是迄今为止出版过的众多译本中的首个译本。

马基雅维利思想的实践应用

马基雅维利被称为阴谋、欺诈和权力政治的恶魔使者。如我们所见,这一名声歪曲了他在实际中的所作所为。尽管如此,这条道路仍旧非常诱人,进而让人在完全忠于《君主论》而不考虑任何它所在的更大背景的情况下,将其"应用"于现代政治。

狐狸之道

我们可以在近来的历史中找到许多例子。其中一个例子是弗朗西斯科·佛朗哥将军（General Francisco Franco，1892—1975）。他在为希特勒提供严格限制的支持的同时，接受同盟国的援助。通过这样的方式，他成功利用西班牙加入"二战"的可能性，促使罗马－柏林轴心去对抗同盟国。

正是通过这种方式，他掌权超过35年！

铁娘子

英国前首相玛格丽特·撒切尔（Margaret Thatcher）是当代最成功的政治家之一，她被形容为天生的马基雅维利主义者。（然而，没有证据证明她真的读过他的书。）

毫无疑问，马尔维纳斯群岛战争（英国称"福克兰群岛战争"，the Falklands War）是一个操纵术的杰作，一次迅速而辉煌的胜利。她随后利用这次胜利来压制那些反对她国内立法计划的对手。

最终使她下台的是她自己的前财政大臣和前外交大臣,而不是反对党。

麦卡尔平勋爵（Lord McAlpine），撒切尔夫人的前副议长兼忠实追随者，已为未来的政治家和他们的支持者写了一本名为**《仆人：新马基雅维利》**（*The Servant: A New Machiavelli*）的指南。

夏尔·戴高乐（Charles de Gaulle）是个既能扮演狡猾狐狸又能扮演咆哮狮子的高手。弗朗索瓦·密特朗（François Mitterrand）追随他的脚步，是当代"君主"的另一个例子。但米哈伊尔·戈尔巴乔夫（Mikhail Gorbachev）先是羞辱了鲍里斯·叶利钦，后又忽视他的崛起，这就犯了严重的错误。比尔·克林顿正面临着严重的危险，或将成为马基雅维利所警告的"因各种相互冲突的建议而不断改变主意"的优柔寡断的"君主"的现实典型。他可能因此成为人们嘲笑和蔑视的对象。

这种运用马基雅维利思想的方式既有趣又有启发性，但也相对肤浅。它忽视了马基雅维利致力于实现积极的公民身份和政治参与的根本决心，因此，有可能错失马基雅维利所提供的最重要的教训。

马基雅维利的教训

当然,马基雅维利要应付的不仅仅是政治。还有,例如,战争……

南斯拉夫的内战及联合国的介入则是一个反例。

> 当战争不可避免时,切勿拖延。否则只会正中对手的下怀。

美国著名的战争史学家唐纳德·卡根(Donald Kagan)最近得出了一个非常马基雅维利式的结论:"和平不会维持自身。"相反,和平不仅取决于保有可靠的威慑力量,还取决于做好"在还有时间的时候就做出实际行动"的准备,而不能等到"除了战争,别无选择"的时候才行动。

马基雅维利与公民共和主义现代政治理论的奠基

在政治和社会理论领域，马基雅维利的影响最为深远。

我的作品持续吸引着一代代新的读者和诠释者。

他重塑了古典共和主义，强调参与式的公民身份，对派系利益和私人利益的腐败充满敌意，并使这一传统在民族国家构成的现代世界中获得了新生。

马基雅维利式的美国

马基雅维利思想的一条线索通过法国启蒙运动政治哲学家夏尔·孟德斯鸠（Charles Montesquieu，1689—1755）的著作传到早期的美国。通过这条路径，马基雅维利的公民共和主义影响了促成美国独立的开国元勋们。

启蒙运动对西方产生了巨大的社会和政治影响，以至于这些美利坚合众国的开国元勋们既是启蒙运动的产物，又是其代表人物。

乔治·华盛顿（1732—1799）

……在一个大的国家中，我们仍可以保有公民美德（civic virtue）。

人们觉得称他们为"优秀的"马基雅维利主义者很怪，仅仅是因为我的"坏声名"。

社会契约

在欧洲,让-雅克·卢梭(Jean-Jacques Rousseau,1712—1778)试图用共同同意(common consent)建立起的道德法律取代公民同胞之间的公民美德。其结果是将马基雅维利对公共和社会(而非私人和个人)的强调转化为潜在的威权主义概念"公共意志"(general will)——这一概念通过法国大革命传入马克思思想中。

腓特烈大帝（Frederick the Great，1712—1786），被称为"开明的专制君主"的普鲁士国王，于1740年写下了《**反马基雅维利**》（*Antimachiavell*），旨在保护人性免受"这个想要摧毁它的怪物"的伤害。十二年后，在有了一些执政经历后，他又写下了不同的内容。

启蒙运动后的历史主义

G.W.F. 黑格尔（G.W.F. Hegel，1770—1831）称赞马基雅维利预见了现代民族国家的重要性，黑格尔认为现代民族国家是古典时期共和国的直接继承者。

卡尔·马克思（Karl Marx，1818—1883）继承了启蒙运动的影响和黑格尔的历史决定论。他用关于生产力和生产关系的唯物主义取代了关于"普遍精神"的唯心主义，从而将黑格尔的历史决定论"颠倒"过来。

> 工人阶级的解放是历史的目的——它是哲学的真正实现和人类自由的达成。

> ♪起来，全世界受苦的人……起来，♪饥寒交迫的奴隶……♪这是最后的斗争♪

卡尔·马克思《资本论》

但理论和实践的发展有时会出现问题，此时国家实际上取代了人民并代表人民行事，政党取代了国家并代表国家行事，最终领导人取代了政党并代表政党行事。

后现代的马基雅维利

这里的讽刺之处在于,马基雅维利最为执着的事以及他认为的共和国的意义,乃是现实公民的自由,而非理想公民的自由。马基雅维利的价值多元论(正如以赛亚·伯林所指出的)都不能与这种一元论和理性主义——无论是黑格尔的唯心主义体系还是马克思的唯物主义版本——相调和。

放在 20 世纪的历史背景中看,这是一种巨大的美德。同样,从后现代多元主义、实用主义和相对主义的角度来看,马基雅维利似乎是最进步的思想家。

让我们简要地考察一下后现代理论业已继承但又必须重新思考的公民共和主义的根本问题。

公民美德对阵公民社会

无论在历史还是理论上,公民美德也受到了所谓的"公民社会"(civil society,易引起混淆的叫法)的兴起的冲击——"公民社会"指的是由各种为促进互惠互利(不管是商业的还是非商业的)而自发建立的联合组织所构成的那一部分社会。

自由市场

公民社会——正日益被贸易和商业主导——还因 18 世纪具有重要影响力的"苏格兰启蒙运动"而另外获得了巨大的推动力,尤其是亚当·斯密(Adam Smith,1723—1790)。他也称赞了为促进互益的私利(故称"市场")而自发建立的联合组织(故称"自由")。

共和主义者对自由市场的批评

然而，在像托马斯·潘恩（Thomas Paine，1737—1809）和威廉·科贝特（William Cobbett，1763—1835）这样的共和主义者看来，同样的这些发展多半只是贵族"旧式腐败"的强有力的新表现。

苏东公民社会

共产主义东欧和苏联的持不同政见者对公民社会寄予厚望。在那些地方,公民社会被官方视为对国家权威的威胁而遭到压制。

"没有社会这种东西"

无论在东方还是西方,自由市场的结果都不仅不太"公民"(civil),而且,正如撒切尔夫人的名言所说,甚至那也算不上一个"社会"。

自由民主的起源

公民共和主义也在主流的现代政治话语——现代自由民主（liberal democracy）——的影响下黯然失色。它与个人"自然权利"（natural rights）的观念以及人民与统治者之间的社会契约（social contract）有关。自由民主很大程度上起源于两位哲学家的著作。

一位是托马斯·霍布斯（Thomas Hobbes，1588—1679）。

我是君主专制主义者，率先提出了在统治者与臣民（subjects）（而非公民）之间订立约束性契约的理念。

霍布斯在他的《利维坦》（Leviathan，1651）一书中，无论在思想内容还是提炼概括的方式上，都对历史、公民参与以及混合政府或立宪政府表现出鄙夷态度。

我于1656年写出了《大洋国》（Oceana），写的是一个共和主义的乌托邦，意在驳斥霍布斯，但影响较小。

另一位是政治哲学家约翰·洛克（John Locke, 1632—1704）。在他的**《政府论》**（*Two Treatises of Government*，1690）中，洛克坚持财产权和在必要时反抗统治者的权利。但是，他进一步强调了个人及其权利的观念，以及一种契约观念——人民将大部分权力让渡给统治者及其臣属或地方官。

现代自由民主

在实践中，自由民主通常与所谓的自由市场经济相伴。在冷战时期，大约从1945年到1989年，苏联阵营的马克思主义及其计划"指令"经济都抵制二者。这些社会主义经济体在20世纪80年代就已迅速崩溃。这也是保守党推行的自由市场**货币主义**（monetarism）盛行的十年，米尔顿·弗里德曼（Milton Friedman）将其理论化，罗纳德·里根（Ronald Reagan）和撒切尔夫人将其付诸政治实践。1992年，美国历史学家弗朗西斯·福山（Francis Fukuyama）在他的著作**《历史的终结与最后的人》**（*The End of History and the Last Man*）中用黑格尔的方式宣告了一则自由主义民主的新福音。福山的学说断言，"历史的终结"，即历史的目的，不是别的，正是全球范围内的自由民主和自由市场！

"公民美德"何去何从？

但公民美德的本质是公民的自我治理。因此，从这个角度来看，这两种治理方式都不尽如人意。民主能让更多的人参与进来，这是不争的事实；所以在这个意义上，共和制最倾向于民主，而不是任何形式的寡头统治（极少数人的统治）。

但是，如果民主仅仅意味着每四五年给政党投一次票，而这些政党的主要区别仅仅在于希望运行经济的方式是略微人道一些还是略微不那么人道一些，那么此时共和主义者就会说，出现严重问题了。

在我的时代，通常是贵族执政，但讲求政治正确的精英执政本质上也没什么不同。

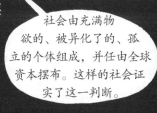

社会由充满物欲的、被异化了的、孤立的个体组成，并任由全球资本摆布。这样的社会证实了这一判断。

左派和右派的共和主义?

"左"和"右"是起源于法国大革命的术语,是非常表面但几乎普遍使用的政治立场划分方式,但它们从未完全契合共和主义的状况。东欧包括苏联那些原先的社会主义共和国,严格说来并非真正的"共和国"。事实上右翼政权也不是,如奉行宗教激进主义的伊朗。

右翼马基雅维利主义者

法西斯主义创立者兼意大利独裁者——贝尼托·墨索里尼（Benito Mussolini，1883—1945）开始他的政治生涯时属于左翼，是意大利社会党（PSI）革命派的领袖。在第一次世界大战中，他背离了意大利社会党的中立政策、支持战争并放弃了他的社会主义信念。通过狡猾的党争策略、国王维克托·埃曼努尔三世（King Victor Emmanuel III）的默许支持以及使用法西斯恐怖活动特遣队等手段，他得以掌权上台；1922年"向罗马进军"行动和1926年实现全面独裁统治时，其权势达到顶峰。

从头到尾我不都听从你的建议吗？我没有得到人民的赞许吗？我难道不是你说的那种理想的"君主"吗？

或许吧，但这会带你走向何方？

左翼马基雅维利主义者

安东尼奥·葛兰西（Antonio Gramsci，1891—1937），1921年意大利共产党的创始人之一，于1924年成为意大利国会议员，他目睹了左派的惨败——左派未能在战后的欧洲效仿列宁在俄国夺取政权的做法；20世纪30年代追求社会民主的社会主义陷入低谷；1918年至1920年他亲自参与的大工业"都灵工厂委员会"运动惨遭失败。葛兰西从1926年到1937年去世都被墨索里尼的法西斯政权所囚禁。他的理论大部分是在狱中写下的，包括一卷300页的**论马基雅维利的札记**。

葛兰西对马克思主义的反思

马克思本人专注于资本主义的经济分析,没有提供一个关于社会主义政府如何实际运作的详细方案。马克思主义者只关注权力转向社会主义的革命时刻——在那一刻之后发生的事情与之前发生的事情没有关系。

但葛兰西通过重新阅读马基雅维利，预见了夺取权力可能引发的危机。

尽管葛兰西被法西斯主义"打败"于监狱中,但事实证明他才是更有远见的马基雅维利主义者。1945年4月28日,墨索里尼被意大利抵抗运动的游击队员枪杀。遭处决前,他说……

后现代的葛兰西:"人民即君主"

葛兰西"人民即君主"的思想贡献了一种可能的马基雅维利式的社会主义共和国的设想。

他进一步发展了马克思主义。

他认为如果将人民从参与活动中排除,边缘化他们,威胁他们的身份和国家认同,就必然会得到蓄意破坏和保守的回应。

葛兰西思想中明显的后现代元素包括:去中心化、多元参与以及对大众文化的尊重。他对现代主义的乌托邦主义产生了怀疑,因为它与它希望去改变的社会现实之间缺乏有机联系。

社群主义

如今急切需要的对自由民主的批判越来越多地来自"社群主义者",如阿拉斯代尔·麦金泰尔(Alasdair MacIntyre)、迈克尔·沃尔泽(Michael Walzer)、罗伯特·贝拉(Robert Bellah)和近来活跃的阿米泰·埃齐奥尼(Amitai Etzioni)等哲学家。

"社群主义者"坚持认为,要让社会乃至民主发挥作用,就要有强大的社群纽带和足够的公民美德。

因此权利应当伴随着社会责任,我们需要"共同利益"(the common good)的概念。

正如昆廷·斯金纳（Quentin Skinner）所指出的，从马基雅维利的共和主义立场看，要维护社会公德（public virtù）的一个主要原因是，我们可以以个人身份自由地做自己想做的事。

第二个问题是,像"公民社会"的倡导者一样,社群主义者往往未能意识到商业市场力量现在对社群的侵蚀程度。

积极自由与消极自由

有时候，自由主义者与其批判者之间的争论表现为"消极自由"的倡导者与"积极自由"的支持者之间的辩论。"消极自由"指在做自己想做的事的时候**不受**必要的限制的权利，"积极自由"指去**拥有**或**做**各种事物或具体事情的权利，并尽可能实际地配有所需的手段。【前者以以赛亚·伯林和理查德·罗蒂（Richard Rorty）为代表；后者以查尔斯·泰勒（Charles Taylor）等人为代表。】

共和主义在今天

很明显,公民共和主义对现代自由民主持高度批判的态度,因为后者过度强调个人。但同样清楚的是,它并不主张回归集体主义或其他制度。

有时会有人认为,(后)现代世界与古代城邦太过不同(即太复杂,或太庞大),以至于共和主义无法运作。的确,不再存在任何**大一统**的社群了。我们都是许许多多社群的成员,包括现实存在和可能存在的社群,从国际的、甚至跨物种的社群,一直到最本地、最邻里的社群。

但这未必是个问题。

这意味着,多元主义取代了原先的原教旨主义一元论——事实证明它如此具有破坏性(在宗教、社会、政治上)——成为当代公民身份不可或缺的部分。

而多元社群实际上鼓励这类实践活动。因为,正如阿德里安·奥德菲尔德(Adrian Oldfield)所说,"规模和复杂性的作用……在于增加公民参与和行动的机会"。

另一个相关的反对意见是现在的社群意识太弱,以至于无法支撑共和主义。但这忽略了相反的情况。

公民共和主义也将某些被忽视了太久的事务重新提上政治议程——这些事务被自由主义者视为纯粹的私事。

> 诸如道德教育和公民教育,乃至宗教之类的事务。

> 很显然,宗教在维护公民美德方面可以发挥关键作用,无论好坏。

其他重大挑战包括重新定义工作,视其为对全体人民福祉的贡献,而不仅仅是个人自我发展的事。

马基雅维利在今天

如果马基雅维利奇迹般地穿越到现在,这一切都不会令他感到惊讶。他还会说什么?显然我们只能猜测,但首先,在谈到相对于他的时代明显而壮观的变化——尤其是科学与技术方面——时,他可能会阴冷而满意地补充说:基本的人性似乎没有太大改变。

总体而言,人们仍然倾向于愚蠢、短视的行为方式,其后果不仅对人类彼此和其他生命形式构成了威胁,也对整个地球的健康构成了威胁。

接着他可能会问，即使在所谓的民主国家，我们也变得如此自私和被动，任由那些由极少数有权有势又不负责任的精英组成的集团主宰政治和经济，既然如此我们还能指望什么呢？大多数执政党，甚至在民主国家，都是如此。他们首要关心的事似乎通常是获得连任和保护大企业。

特殊利益能够以那些追求共同利益者想象不到的方式给予自身回报。这种特殊利益的胜利无疑是滋生腐败的完美土壤。随着公民德性的丧失，我们的自由也将随之消逝。——当然，那正合我们统治者的心意。

马基雅维利也会一眼看穿我们的"文化产业"的本质是什么。

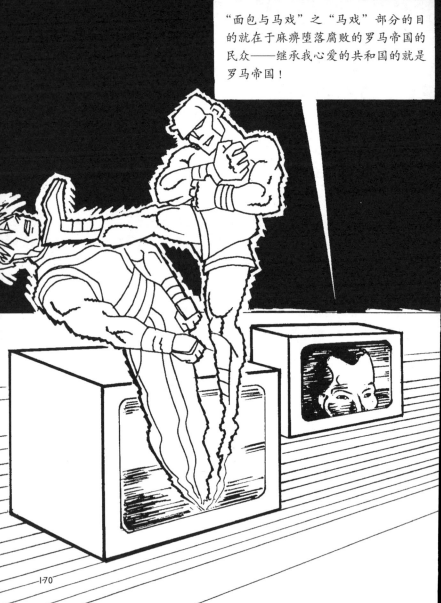

最后，他会对我们对于我们珍贵"权利"的自满程度感到惊讶。马基雅维利的警告很明确。

除非我们对社群履行公民义务——包括迫使我们的代表制定和执行使我们能够和鼓励我们这样行动的法律——否则当我们失去权利时，我们也无权抱怨。

终点？

如果我们要质疑现代的马基雅维利主义——它确实应受到质疑——那么必须从质疑现代性本身开始。因为到目前为止有一点可以确定：我们无法通过攻击马基雅维利，来将世界从现代性的马基雅维利主义中拯救出来。

——安东尼·帕雷尔（Anthony Parel）《马基雅维利的宇宙》（*The Machiavellian Cosmos*）（耶鲁大学出版社，1992）。

延伸阅读

标准的英文介绍见 Allan Gilbert（editor），*Machiavelli: the Chief Works and Others*（Durham NC, Duke University Press, 1965）。标准传记见 R. Ridolfi, *The Life of Niccolò Machiavelli*, Colin Grayson 译（London, Routledge & Kegan Paul, 1963）。另见 Sebastian de Grazia, *Machiavelli in Hell*（Hemel Hempstead, Harvester Wheatsheaf, 1989, and London, Picador, 1992）。

关于马基雅维利的生活与工作，最好的短篇著作是 Quentin Skinner, *Machiavelli*（Oxford, Oxford University Press, 1981）。

《君主论》有好几个译本，包括 George Bull（London, Penguin, 1981）、Quentin Skinner 以及 Russell Price（Cambridge, Cambridge University Press, 1988）的译本；《论李维》的一个译本：Bernard Crick（editor）（London, Penguin,1970）。

其他优秀作品有：J. G. A. Pocock, *The Machiavellian Moment:Florentine Political Thought and the Atlantic Republican Tradition*（Princeton, Princeton University Press, 1975），以及 Gisela Bock, Quentin Skinner and Maurizio Viroli（editors）, *Machiavelli and Republicanism*（Cambridge, Cambridge University Press, 1990）。

将马基雅维利思想应用于现代政治的著作有：Alistair McAlpine,*The Servant: A New Machiavelli*（London, Faber & Faber, 1992），以及 Edward Pearce, *Machiavelli's Children*（London, Victor Gollancz, 1993）。

Isaiah Berlin 的引文来自"The Originality of Machiavelli"一文，收录于他写的 *Against the Current*, H. Hardy（editor）（Oxford, Clarendon Press, 1981）一书的第25—79页。其他引用或提到过的篇章：Donald Kagan, *On the Origins of War and the Preservation of Peace*（New York, Doubleday, 1995）；Robert D. Putnam, *Making Democracy Work: Civic Traditions in Modern Italy*（Princeton, Princeton University Press, 1995）；以及 Adrian Oldfield 的杰作 *Citizenship and Community: Civic Republicanism and the Modern World*（London, Routledge, 1990）。

Oscar Zarate 鸣谢意大利文化研究所的 Hazel Hirshorn 和 Maria Reidy 的图像研究。

第 83 至 85 页的附加插图由 Woodrow Phoenix 绘制。

Patrick Curry 是一位居住在伦敦的自由作家和历史学家。他的兴趣包括占星术史、文学批评、政治学和生态学。

Oscar Zarate 还为其他六本"图画通识"图书绘制插图，包括《弗洛伊德》《霍金》《量子理论》《进化心理学》《梅兰妮·克莱因》《心灵与大脑》，以及《列宁入门》和《黑手党入门》。他还创作了许多备受赞誉的插图小说，包括 *A Small Killing*（该作品于 1994 年获得了威尔·艾斯纳奖最佳图像小说奖），并在 1996 年出版了他的作品 *Dark in London*，这是一本插图故事集。

Woodrow Phoenix 负责描字。

Wayzgoose 负责排版。

索引

Alighieri, Dante 但丁·阿利吉耶里 19
American Constitution 美国宪法 98–99
Antimachiavell《反马基雅维利》135
arms 武装 60
Art of War, The《战争的技艺》111–113

Bacon. Francis 弗朗西斯·培根 3
Barings Bank 巴林银行 93
Bellah, Robert 罗伯特·贝拉 158
Bonaparte, Napoléon 拿破仑·波拿巴 135
Borgia 博尔贾
　Cesare 切萨雷·博尔贾 31–34, 36–37, 55
　cruelty 残暴 69
　Lucrezia 卢克雷齐娅·博尔贾 32
Botticelli, Sandro 桑德罗·波提切利 7
　burns artworks 焚毁作品 26
Brunelleschi, Filippo 菲利波·布鲁内莱斯基 6

Caesar, Julius 尤利乌斯·恺撒 91
capitalism 资本主义 96
Chamberlain. Neville 内维尔·张伯伦 52
Christianity 基督教 104–105
civic 公民的
　republicanism 公民共和主义 138–146
　virtue 公民美德 149
civil society 公民社会 139–141
Clinton, Bill 比尔·克林顿 74, 127
Columbus, Christopher 克里斯托弗·哥伦布 10
Communism 共产主义
　Gramsci 葛兰西 153
　see also Marx, Karl 另见 卡尔·马克思
Communitarianism 社群主义 158–162
communities vs. monism 社群 vs. 一元论 164–165

Coolidge, Calvin 卡尔文·柯立芝 141
corruption 腐败 108
Corsini, Marietta 玛丽埃塔·科尔西尼 31

Discourses, The《论李维》84–90
　published 出版状况 121
　discussion group 讨论小组 84–85

End of History, The《历史的终结》148
Enlightenment, the 启蒙运动 136–137
equality 平等 100–101
Etzioni, Amitai 阿米泰·埃齐奥尼 158

fascism 法西斯主义 151
Ferdinand of Aragon 阿拉贡的费尔南多 74
Ficino, Marsilio 马尔西利奥·费奇诺 11
Florence 佛罗伦萨
　civil war 内战 19
　falls 瓦解 120
　French invasion 法国入侵 24
　government 政府 21
　history 历史 18
　Renaissance 文艺复兴 4–11
　taken by Spain 被西班牙占领 40–41
fortune, concept of 命运（机运）的概念 57–59, 115
Franco, Francisco 弗朗西斯科·佛朗哥 123
Frederick the Great 腓特烈大帝 135
free market 自由市场 140, 142–145, 148
Fukuyama, Francis 弗朗西斯·福山 148

Gaulle, Charles de 夏尔·戴高乐 127
Ghibellines 吉伯林派 18–20
Gorbachev, Mikhail 米哈伊尔·戈尔巴乔夫 127

Gramsci, Antonio 安东尼奥·葛兰西 152–157
Guelfs 格尔夫派 18–20
Guicciardini, Francesco 弗朗切斯科·圭恰迪尼 99

Hegel, G. W. F. 黑格尔 136
History of Florence《佛罗伦萨史》18, 21, 114, 121
Hobbes, Thomas 托马斯·霍布斯 146
humanism 人文主义 12–14
hypocrisy 伪善 70

immigration 移民 107
imperialism 帝国主义 106
Italy 意大利
　defending 保卫 76–77
　divided 分裂 16
　resurgence 复兴 78
　see also Florence, Pisa 另见 佛罗伦萨、比萨

Kagan, Donald 唐纳德·卡根 129
Kissinger, Henry 亨利·基辛格 2

laws 法律 60
Leach, Christopher 克里斯托弗·拉什 96
leadership *see Prince, The* 领导力，见《君主论》
left vs. right 左派 vs. 右派 150–153
Leviathan (Hobbes)《利维坦》(霍布斯) 146
liberal democracy 自由民主 146, 148
liberty 自由 87–89
　loss of 失去自由 169
　positive vs. negative 积极自由 vs. 消极自由 163
Locke, John 约翰·洛克 147
loyalty 忠诚 73

Machiavelli, Niccolò 尼科洛·马基雅维利
　born 诞生 15
　civil service 政府工作 29
　court, introduced to 引荐入宫廷 111
　death 死亡 119
　dismissed 免职 42
　education 教育 15
　in government 在政府 115
　imprisoned 入狱 42
　marries 婚姻 31
　post-modern 后现代 138
　secretary of militia 国民军秘书 38
　today 在今天 168
　tortured 酷刑 42
　writing 写作 80–83
"Machiavellian" "马基雅维利式的" 3
MacIntyre, Alasdair 阿拉斯代尔·麦金泰尔 158
Making Democracy Work《使民主运转起来》159
Mandragola, La《曼陀罗》81–83
Marx, Karl 卡尔·马克思 137, 154, 157
Maximilian, Holy Roman Emperor 神圣罗马帝国皇帝马克西米利安 39
McAlpine, Lord 麦卡尔平勋爵 126
Medicis, the 美第奇家族 4, 11, 22–24
　overthrown 政权倾覆 117
　reinstalled 复辟 41, 120
Michelangelo 米开朗基罗 8, 39
Mirandola, Pico della 皮科·德拉·米兰多拉 11
Mitterrand, François 弗朗索瓦·密特朗 127
monetarism 货币主义 148
Montesquieu, Charles 夏尔·孟德斯鸠 139, 140
morality 道德性 86, 91
Mussolini, Benito 贝尼托·墨索里尼 2, 151, 152–153

shot 枪杀 156
neutrality 中立性 74

Orti Oricellari circle 奥蒂·奥里切拉里花园圈子 84–85
scattered 四分五裂 114

papal elections 教皇选举 36–37
Parel, Anthony 安东尼·帕雷尔 171
Pisa 比萨
 lost 失陷 30
 regained 收复 38
plural communities 多元社区 164–165
Pope Clement VII 教皇克雷芒七世 110
Prince, The《君主论》2, 3, 46–77
 vs. *Discourses* vs.《论李维》89
 published 出版状况 121
 virtù 能力、才能 90–92
public reward 公益回报 94
Putnam, Robert D. 罗伯特·D. 帕特南 159

Raphael 拉斐尔 9
religion 宗教 102–105, 167
republic 共和国 87
 formed, Florence 佛罗伦萨共和国的成立 24
 后启蒙 post-Enlightenment 136
 后现代 post-modern 138–149
republicanism 共和主义 14, 130–133
 today 今日的共和主义 164–167
Revolt of the Élites, The《精英的反叛》96
right vs. left 右派 vs. 左派 150–153
rights for citizens 公民权利 147, 171
Risorgimento 复兴运动 78
Roman 罗马
 Empire 罗马帝国 17
 Republic 罗马共和国 89, 109
Rousseau, Jean-Jacques 让-雅克·卢梭 134

Sant' Andrea 圣安德烈亚 43–45
Savonarola, Girolamo 吉罗拉莫·萨沃纳罗拉 25–27
Scottish Enlightenment 苏格兰启蒙运动 142
self-interest 自利 93
Servant: A New Machiavelli, The《仆人：新马基雅维利》126
Skinner, Quentin 昆廷·斯金纳 161
Smith, Adam 亚当·斯密 142
Soderini, Piero 皮耶罗·索德里尼 38, 40
Spain 西班牙
 captures Florence 占领佛罗伦萨 40–41
 World War II 第二次世界大战 123
Strozzi, Lorenzo 洛伦佐·斯特罗齐 110

Thatcher, Margaret 玛格丽特·撒切尔 124, 145
Tocqueville, Alexis de 阿列克西·德·托克维尔 140
Two Treatises of Government (Locke)《政府论》(洛克) 147
Tyson, Mike 迈克·泰森 3

Valentino, Duke see Borgia, Cesare 瓦伦蒂诺公爵，见 切萨雷·博尔贾
Vespucci, Amerigo 亚美利哥·韦斯普奇 10
Vinci, Leonardo da 列奥纳多·达·芬奇 8, 34–35
violence, Machiavelli on 马基雅维利论暴力 56
virtù 能力、才能 68–71, 104, 108
 see also civic virtue 另见 公民美德

Walzer, Michael 迈克尔·沃尔泽 158
war 战争 52, 60–62, 107, 128–129
 see also Art of War, The 另见《战争的技艺》
wealthy, the 富人 95

图画通识丛书

第一辑

伦理学
心理学
逻辑学
美学
资本主义
浪漫主义
启蒙运动
柏拉图
亚里士多德
莎士比亚

第二辑

语言学
经济学
经验主义
意识
时间
笛卡尔
康德
黑格尔
凯恩斯
乔姆斯基

第三辑

科学哲学
文学批评
博弈论
存在主义
卢梭
瓦格纳
尼采
罗素
海德格尔
列维 - 斯特劳斯

第四辑

人类学
欧陆哲学
现代主义
牛顿
维特根斯坦
本雅明
萨特
福柯
德里达
霍金